# Memorias de una vieja máquina

Patricio Villarroel Robles

# Patricio Villarroel Robles

Nació en el sur de Chile, pero reside
en Estocolmo, la capital en Suecia
desde 1986. Es periodista (sueco -
chileno) de larga trayectoria en ambos
países.

En septiembre del año 2012 publicó
con gran éxito en Suecia su primer
libro de poemas, Lejos del sur, bajo el
alero de la Editorial Letranovel. Este
primer título del periodista nacido en
la tierra de Neruda lo consagra en
poco tiempo como un brillante poeta.

Lejos del sur ha permanecido por varios
años en las estanterías destacadas de las Bibliotecas Públicas de Suecia y se
hizo un documental en la televisión sobre su vida y su obra.

Con la misma casa editorial publica en el año 2018 su primer poemario en
idioma sueco: "Långt ifrån söder", que ha recibido críticas favorables y
mucha sorpresa entre los críticos suecos.

El diario Liberación publicó en Suecia que Patricio Villarroel escribe al
amor y al desamor "con un estilo único y sensible, como fotografías en
blanco y negro".

El escritor cubano Jorge González ha comentado que sus poemas "son
verdaderas imágenes" y lo compara con el estilo del Premio Nobel de
Literatura 2011, Tomas Tranströmer.

Ahora, con este nuevo libro "Memorias de una vieja máquina", un
poemario dedicado a la familia y al amor, Patricio Villarroel se afirma
como uno de los buenos poetas de nuestros años. Que juzgue el lector si
ya no lo es.

# Dedicatoria

A MIS HIJOS:

Que perdonen mis imperfecciones
y el haber aprendido a amarlos,
entre la prisa y los desencuentros.
Tal vez pude ser diferente...

*Patricio Villarroel Robles*

Título original en español: Memorias de una vieja máquina.
© Patricio Villarroel Robles
Corrección de estilo: Leydy Hernández Bitor.
Diseño de portada: Jorge González Reymond.
Fotografía de portada: Patricio Villarroel Robles.

 Editado por: Editorial Letranovel.
Estocolmo 2019.

www.letranovel.com
ISBN 978-91-87499-22-7
Impreso en Suecia.

# Índice

# 1 DE NOVIEMBRE

El ronquido del viento arrastra un cortejo de luces y el corazón atribulado busca, con su traje más triste, entre flores y cirios encendidos, los ojos de los que faltan en el silencio de la muerte.

El cielo en todas partes es solo un baúl viejo de recuerdos alumbrado. Cuando el sol de cuelga de los pinos y cipreses, cantan las palomas blancas cimarronas en los patios del cementerio.

La brisa helada, entonces, nos habla al oído y nos roza las manos, para que bajemos con ella, al fondo de nosotros mismos.

Se cuelgan sombras entre los nichos que nos tocan como una caricia, y el paisaje recoge los pétalos de un nombre en el suelo, arropado de soledad. Los ausentes se vuelven a dormir en ese territorio del dolor.

Despierta, al mismo tiempo, un mundo mítico, oscuro, lloviznado, un remanso de penas coloreado de flores. Porque, no obstante, la vida es bella. Y nosotros, a seguir caminando.

# A MEDIA ASTA

Mamita, ¿Cómo ha estado tu viaje? ¿Irás, ahora, tan lejos como la noche?
¿Esos matices de luz que se proyectan arriba del mar vivo, eres tú?

Aquí, con el corazón a media asta, sigue flotando tu recuerdo por todas las
orillas, como sombras suaves colgadas de la bruma, descodificando los días
que ya pasaron. Te he soñado, cortando rosas nuevas en los jardines de la luna,
rastreando el mundo marchito, vigilando como un faro, desde un agujero del
cielo.

Y te he buscado, en el viento alborotado que juega con los árboles de mi
ventana, entre tus fotos, en el cuarto donde dormías, en el camino largo del
bosque que tanto amabas, en todos los recuerdos que todavía respiran en la
casa. No sé hasta cuando voy a seguir buscándote.

De repente, ven a contarme tus días y a hablarme de tu nueva casa. Ya voy
entendiendo que hay que ir guardando lo que fue, para vivir de nuevo.
Dicen que va a llegar otra vez la nieve a sentarse en la falda del paisaje,
bailando, vestida de gala y con perlas, con esas luces blancas en el pelo que
nunca se apagan, como a ti te gustaba.

Han venido los hijos y los nietos para apaciguar tu ausencia, que tanto duele.
Seguiré escribiéndote, en las hojas blancas de los días habituales para que te
enteres. Olvidaste en mi casa tu secador de pelo, un sweater blanco y uno de
tus bastones de madera.

Gracias por haberme amado con exceso, y seguir siendo mi sombra y mi
refugio.

# A UN PELDAÑO DE UN BESO

Te sientas en una pausa
para recoger las hojas de su nombre,
largo como el tiempo
y los tristes despojos del olvido se desmoronan
y entretienen a la orilla del agua
en gestos vacilantes.

En el cruce del camino, donde gira el horizonte,
aparecen los recuerdos que vienen a buscarte,
y que siempre han sido iguales,
en todas partes.

A un peldaño de un beso,
en la imaginación del viento que te acaricia,
no se cerraron las puertas de tus ojos.
No pudiste palpar el amor
y por eso tienes sueños de volver a verlo.

# ABRAZARTE SIN VERNOS

De improviso y sin darnos cuenta,
se nos viene encima la vida,
con sus rumores más tristes.

El corazón,
sin previo aviso y a trancos largos,
desata sus nudos y despierta
para saber lo que pasa,
cuando los muros se vuelven espejos
y me estrello siempre con tus ojos.

Te dibujo entre líneas,
en la misma frontera que separaba
tu espalda de la puerta,
y busco esa boca roja
que hablaba mis palabras.

Hundo el rostro en los brazos blancos
de la bata que olvidaste,
y le hago una caricia
a la medialuna de tus iniciales.

Si pudiésemos deshacernos los yo
y volver a empezar.
Pero ya no sé cómo mirarte,
porque no me ves.

Es que ni siquiera sospechas
que te toco,
cuando tu piel y mis manos,
vuelven a besarse.

# AL FINAL DEL AGUACERO

La lluvia se fue,
trocando sueños
y rompiendo viejos retratos,
mientras la noche agoniza
en los espejos de agua de la calle.

A compases largos,
sentimos latir el propio corazón,
pero llegan gemidos
que se escuchan más fuerte,
cuando el tiempo indolente ríe
y se burla de mis ganas de verte.

Queremos ahuyentar los recuerdos,
y encender la vida
otra vez en la tibieza
de esos ojos que se quedaron sentados
al fondo del salón.

Los vientos
volverán a cruzar el horizonte,
y los pájaros bajarán a beber
el vino de cerezas de la lluvia,
que parece llanto.

Y yo,
intentando dejar tu sitio ocupado,
voy a llenar mi casa de ramas
y colgaré la noche,
para que no te vayas.

# AMANECE

El viento teje, con hilos de seda,
una mantilla de luces
para abrigar las nubes,
y apasionado,
besa los pastizales que maquillan de verde
la cara trasnochada del paisaje.

Amanece,
y despiertan de nuevo
secretos y sombras por todas partes.

El silencio,
es un misterio ruidoso,
una ceremonia de doble filo.

Tintinean cadenas y medallones
que cuelgan.
Y escuchamos voces
en esas casas que nadie habita.

Nos sentamos en el camino viejo
a esperar el rumor de nosotros,
los recuerdos más urgentes,
y los bostezos del tiempo
que se devoran los ojos.

# ANUARIO

No es necesario escribir tu nombre en el almanaque, para acordarme de ti.
Siempre hay voces, retratos y gestos tuyos, que me relata el corazón con los
labios cerrados. Todos los días te pienso. Cuando despierta mi vida, y
desayuna el silencio.

Durante la tarde, cuando bajan sombras de pájaros por la escalera del alma, y
se meten en mi casa. Por las noches y en mis sueños, cuando me abrazas con
ternura y vienes a mirar mi vida con tus ojos.

Te he extrañado tanto, que todavía no entiendo tu viaje. Es que sigo
imaginando que nunca te fuiste. Debe ser por eso que te siento siempre
conmigo, leyendo mis notas y mis versos, ordenando mi escritorio y mis
libros, observando los días de tus nietos, sentado en el mismo lugar donde tu
corazón se sienta.

Volveremos a vernos, en la misma esquina de los recuerdos, cuando las
palomas ya no bajen a cantarle al sol, y el tiempo cese.

# AVISPAS

Se subió al tejado de tu vida
por una escalera de polen,
y prendió el sol de la tarde.

Te dio un palomar y una isla,
un vestido de geranios
abotonado de abejas,
peces que aprendieron a volar,
mariposas con alas transparentes,
y una vasija de barro rebosante de miel.

Pero en verdad,
solo te regaló una triste fábula desolada.
Te podó el árbol del corazón
y te dejó malherida entre sus ramas.

Él quería vivir una existencia cotidiana,
y tú, el amor que salpica deseo,
la pasión de los incendios.

Los besos y caricias quedaron flotando,
como gestos inútiles,
hijos del desacuerdo.

Al final, entendiste que él buscaba
el tacto de otras manos,
no te amaba,
y otros recuerdos lo asaltaban.

# AYER

Ayer eras mi espejo,
porque para verme,
tenía que mirarte.

Pensaba que tu boca
fabricaba miel,
y que tus caricias,
como hebras en los dedos,
siempre estarían enredadas en mí.

A tu lado
no había ventanas sin estrellas,
porque eran tus ojos
los que encendían luces
en la retina de todos mis paisajes.
¿Te acuerdas?

Pero, ya no.

Ahora despertamos distantes,
alejados,
con los besos colgados,
sin desnudarnos el uno para el otro.

Y no pudimos volver a mirarnos,
en la misma esquina del deseo,
sin necesidad de hablar.
Era inevitable,
algún día íbamos a ser costumbre.

# CANÍCAS DE CRISTAL

Dejamos ir el amor sin darnos cuenta,
y no somos capaces
de quitarnos los defectos
la prisa y la soledad, los ojos irritados,
y el cansancio de los errores.

Se nos caen de los bolsillos
como canicas de cristal,
los afectos que nos faltan,
y ya no es posible
que el amor estalle como una fiesta,
con risas y campanas.

Gastamos las horas
al lado del corazón,
que huele mal, a madera vieja,
leyendo el mismo libro,
con dos tazas vacías,
mirando el invierno por la ventana,
que canta ruidoso con todo su llanto.
Llueve,
y todo sucede inevitable.

# CARMEN

En algunas ocasiones, quiero decirte que eres el sol, pero es muy simple para aquellos que caminan siempre mirando hacia el suelo.  No lo entenderían. Es que hay personas que huyen de la lluvia, sin mirarse el arcoíris que llevan dentro de los ojos.

Sin embargo, yo creo que son tus ojos los que despiertan el sol, cuando me hablas con la mirada, cuando ríes, cuando dices que me amas. Es que siempre despierto en ti, fragmentado en dos, convencido de que eres la mitad de mi tiempo. Por eso te anduve buscando en las noches más estrelladas, sin saber encontrarte, y te llamaba en las tardes más encendidas.

Y después supe, que era el sol de la mañana el que nos espiaba por la ventana, y bostezaba en tus ojos. Y caminé los días a tu lado, para no dejar nunca de mirarte. Buscarte en otros ojos, entonces, es simplemente nadar contra la corriente.

# CONTIGO

Contigo,
los recuerdos de equipaje triste
se derriten como la nieve
y son gritos acostumbrados a callar.

Es contigo que soy faro
en mitad del crepúsculo,
porque tus ojos
están llenos de espejos
y me acostumbraste
a verme en ellos para leerlos.

Contigo
se alborotan los silencios,
y el amor es un fuego arrogante
que reconforta
un mar de cabellera larga,
olas que parpadean
ebrias de besos y caricias.

Solo contigo, amor,
amanece despacio
con lunas menguantes y pájaros,
y ya no duelen las ausencias,
ni las ganas de volver.

# CORAZÓN

Te sonrío y te arropo,
corazón,
para que no despiertes,
el bullicio de mis silencios,
ni las tristezas que bostezan,
en la boca de la memoria.

Si ahora mismo tuvieras,
corazón, un antifaz,
para que no vieras
la densa manada
de la noche y sus recuerdos,
estaría más lejos
y más solo.

Prefiero estar contigo,
mirando el horizonte,
vigilante y esperando,
a ver quién toca
tu puerta, corazón,
cuando el viento baile,
en la falda de los encuentros,
y el cielo desborde
las corrientes del mar.

# DE MAREA BAJA

Chocan las gaviotas
en la caleta de pescadores,
y las olas hacen muecas
a los vientos con ojos
que regresan alborotados
hacia el horizonte.

Más arriba,
las nubes agoreras
dibujan a pinceladas
los sueños tristes de los hombres,
y los presagios que agonizan.

Las sirenas de un barco
pitean un viaje
y se peinan de espuma
las algas y moluscos
asomados a la costa,
esperando la furia del mar.

Suelta amarras el corazón
en la punta de la popa,
para decirle adiós
a un amor de marea baja,
que quedó agonizando,
varado en la orilla,
demasiado profanado
para sobrevivir.

# ESTUCHE DE TELA

Los recuerdos duermen en un estuche de tela que guardamos en la memoria, en ese rincón donde sobreviven las tardanzas y todos los rostros posibles.

Siempre despiertan con el verano, cuando empieza el verano, y se sientan en la calle mirando el sol, para ver pasar el ruido de los años cansados, los amores, los fracasos y la muerte.

A veces, gritan, con una tenaza en la voz y nos soplan silencios de sal sobre los ojos, nos abrazan de días amargos, de distancias y retratos, de una urgente necesidad de volver, que no se puede saciar.

Otras, se tienden en la playa, como sombras del aire, para acariciar el mar y son fogosos amantes, inventando atajos, hasta que viene la noche para callarlos.

Al final, son solamente alfileres de un viejo estuche de tela que clavan los ojos del alma, cuando un pañuelo se nos cae de las manos, como un secreto.

# EL FUTURO NO EXISTE

Sobrevivimos,
atados a los relojes,
improvisando las horas,
caminando
sin saber adónde.

Tantas veces
somos gaviotas ciegas,
con las alas rotas,
intentando, inútilmente,
llegar al mar.

El tiempo inmortal
cruje en todas partes
sin dejar de latir
para tragarse los años
que nos faltan.

No hay libros con luces
que nos enseñen a vivir
y el futuro no existe,
porque no ha sucedido.

Pero ¡qué importa!

Yo sólo quiero sobrevivir
en la tibieza de tu piel,
abrazado a tu destino,
cuando los canarios de tus ojos
me ríen y me cantan,
como un arrullo.

# EL MAL HUMOR DEL CIELO

Nos quedamos sin palabras en el instante preciso del olvido y no pude atar mis caricias en la bastilla de tu abrigo. Vino, entonces, el mal humor del cielo, como un sombrero negro anocheciendo el mar.

Lobos marinos, que gritan asustados buscando la isla, se aferran a las trenzas de las olas y la hembra, que es el mismo mar, los arropa con sus muslos de espuma.

Nadie sabe dónde migran los vientos desbordando las corrientes. Se escuchan lamentos por la orilla de la playa, gestos que se cuelgan de un beso y todo el tiempo sepultado sin abrazarnos.

La noche tiene las manos heladas, el rostro se pinta salado y los ojos se esconden en las ojeras de la nada, cuando grita tu recuerdo en la misma boca que tiene el mar.

# ENCLAUSTRADA

Hoy no has abierto la puerta de tu casa,
para ver pasar la vida.
Tampoco quieres escuchar los matices del paisaje,
que gritan afuera y se escabullen.
Dos gorriones ruidosos
picotean tu ventana
y quieren beber de tus ojos.
Al reventar el arcoíris
de cuerdas tensas
y encender su prisma,
que detiene la lluvia,
se oye una melodía de piano
al otro lado de la calle.
Y tú, sola,
contemplando el silencio,
tal como estás,
ausente,
fijada en tu tristeza,
intentando leerte
la palma de las manos,
que están desnudas de respuestas.

# ES SOLO ESO

Otro aire viejo pintando las sienes y el tiempo que deja de ser algo que pasa. Y los recuerdos, que siempre son invitados a la fiesta, quieren encender velas de otras noches de viento y despertar los ojos que se apagaron para siempre.

Algunos días, cuando llueve demasiado, esos mismos recuerdos reaparecen tristes y se cuelgan de las ramas del paisaje, para llorar.

Otros, nos pintan árboles mágicos, olas tranquilas, rosales blancos y rojos, gaviotas, cometas de colores que parecen libros, otros paisajes donde nunca nieva.

Sobrevivimos, tratando de robarle al destino otra canción de sueños y un pedazo de sol, creyendo que hay amores que regresan, esos que vienen de cumplir la lejanía. Los años se trucan en pájaros, que chocan con la luz donde se refugia el silencio y un rumor de abandono oscurece la tarde.

Nos quedamos mirando espejos y viejas fotografías, para ver solamente lo que queremos ver, los recuerdos que nos tejen música en el corazón. Pero el final de la vida trae rumores tristes.

Es solo eso.

# HAY DÍAS

Hay amores
que se quedan escondidos,
tras los troncos de los árboles
en lo alto de un cerro
donde cuelga un precipicio
y se asilan en los ojos.

Hay nombres,
que siempre llaman
al despertar el silencio
y son voces que alguna vez,
fueron ríos torrentosos.

El tiempo vuela,
como sombras fantasmales
en la luz del crepúsculo,
llevándose los días muertos,
emigra
y pasa caminando por la calle,
sin hablar con nosotros.

Hay días
en que un rumor de abandono,
a lo lejos
o demasiado cerca de nosotros,
envenena la tarde
con un extraño lenguaje.

# HUELE A TI

Resbalan los últimos besos
de la lluvia de septiembre,
como madejas de luz en la ventana,
mientras el día agoniza
en los espejos de vidrio de la calle.

Del otro lado del bosque
viene asomando la luna
para abrazar los pinos más altos
que dormitan recuerdos,
tristes despojos del olvido
cabizbajos de frío.

Hay secretos y designios
por todas partes,
cartas con lluvia,
sueños manchados de tiza,
y muchos rostros ausentes
que nos miran,
en los ojos del mismo aire.

Dentro de la casa,
la soledad pinta las paredes
y lo único que me toca
es mi propia sombra.

En el espejo de la sala,
se peinan los retratos
y tu voz susurra despacio,
como cuando alguien duerme.
¡Huele a tu ausencia!,
y la noche habla y habla.

# INFANCIA

Todos fuimos niños,
hasta que dejamos de creer
en la belleza de las pequeñas cosas.

Tuvimos ojos y alma de niño,
aprendimos a jugar y a reír,
el oficio del sol,
el de la lluvia
alborotando los árboles.
El de la calle,
el del amor,
el más necesario.

Descubrimos oficios amables
y otros siniestros,
el de los poetas es de locos,
el de la bondad
es sin duda, el más difícil.

Pero, naufragan los años
y solo llegamos a ser
lo que somos,
cuando nos damos cuenta
que algo se nos muere
muy adentro,
donde habita el corazón.

# LA CALIMA DEL MAR

Danzan los sueños
sobre las olas excitadas,
como gaviotas pardas del sur
cuando despierta temprano
la calima del mar
y se desborda la vida
para que olvidemos lo que fue.

Tantas rutas de barcos
a un mismo puerto,
tantos relojes sonando a la misma hora
y el corazón interrogando la distancia,
rogando al tiempo que retroceda,
para encender de nuevo,
con luces de paralelas fijas,
alguna vieja noche de viento
y el enigma de tus ojos.

Nadie sabe lo que nos pasa por dentro,
cuando el amor fatigado
se ha ido por la otra calle
donde hace menos frío.

Al final,
nos quedamos solos,
como un viejo presidiario
en la trampa de sus recuerdos,
engrillado,
torturado de un amor desgastado
que nos dejó malheridos.

# LA CARRETILLA DE LA VIDA

Nos gastamos la vida
buscando ser felices,
esperando un milagro
que nunca ocurre.

Vivimos abriendo cajones
y colgando retratos
porque para vernos,
tenemos que mirarlos.

Pesa la carretilla de la vida,
cuando el tiempo
deja de ser algo que pasa
y los recuerdos siempre gritan
desde la otra vereda de la calle.

Nos quedamos delirando,
escarbando el pasado,
reclamando los sueños incumplidos
y viendo pasar el amor,
siempre apurado por marcharse.

Y no nos damos cuenta de que la vida,
todos los días
nos hace señas desde el horizonte,
para despedirse.

# LA MITAD DE LA VIDA

Suenan los días
como un trompo de música,
cuando la ventana de tus ojos
trae trinos del bosque
y la luna se asoma a mirarnos,
para escuchar el rumor de nosotros.

Y es que, a la luna
le gustan los amores antiguos,
los que irradian una extraña energía,
esos que pierden la cordura
cuando los mismos sueños
se han besado en la boca
la mitad de la vida.

Y nosotros,
nos hemos amado de esa manera,
escuchando la voz del mar,
encendiendo siempre la noche
sin dejar de mirarnos
al fuego de los ojos.

Tantos años, amor,
coloreando los recuerdos,
callando las palabras con el tacto,
albergando el aire tibio del sur
en el alma de los hijos,
como un verbo,
para cruzar de la mano
todos los paisajes.

# LA VENTANA

A veces duerme el silencio
y libera los vientos
de otras tardes,
los que nos hacen reír
y los otros,
los que tienen acento de lluvia,
los sueños con tu nombre,
y los que se han bebido
todos los secretos.

Y el tiempo,
como preludio del adiós definitivo,
observa las horas muertas,
como un helecho
que duerme en lo sombrío.

Siempre al mismo tranco
y esquivando el reposo,
se arrastra como un gusano
por la madera vieja de una ventana,
hasta que gritan las aceras vacías,
y los recuerdos más urgentes.

Cuando el sol llega cantando
para iluminar el patio,
salta el tiempo,
como un acróbata de circo,
al frenesí del aire
y más allá de los ruidos,
irrumpe en mi casa.

# VIDA GASTADA

Ya no llegan cartas del sur,
ni he vuelto a despertar dormido,
arropado a tu destino.

El corazón,
que nos mira de reojo
destilando lástima,
intenta resucitar los días mutilados.

Nos habla al oído
y promete:

Uno viaja hacia la vida
con ausencias tristes
todos los días
y se conforma.
El lago es un espejo ovalado
donde se peina la luna,
y los pájaros,
mañana,
van a teñir el cielo
de nuevos colores.

¿Será verdad?
Porque yo veo
la tarde oscura
y envenenada,
con la vida gastada,
viviendo otra vez
lo que no pude vivir
sin poderla olvidar.

# LOCA

Cuando nadie la ve, besa los vientos que la tocan y baila a destiempo por el embarcadero que flota, hasta que la noche le muerde la boca.

Pareciera saber dónde se ha roto la cordura, la verdad, el equilibrio, su vida entera, porque estrangulado de errores, el amor, le ha escrito sus últimos lamentos.

Tal vez por eso se sienta por las tardes a la orilla del río, a la sombra del silencio, a esperar llorando que se duerma la luna, para clavarse sus rayos en lo más profundo del alma.

# LOS AMANTES

Una llama de arena rubia
y de tarde,
el ocaso sobre la piel,
y una luz que prende el aire,
para rozar las caricias
acostadas en el agua.

Inmaduros los gestos,
collares para atar los tactos,
olas que parecen antorchas,
marejadas en las manos
y silencios que se deshacen
en susurros de placer.

Suelta amarras el corazón
tras una cortina de arena,
para despedir los besos,
cuando es lluvia
la espuma del mar,
en el rostro de los amantes.

# LOS MIRLOS Y TÚ

Los mirlos negros
de pico amarillo
han vuelto del lago,
y bajan silbando,
para besar las hojas
que al despertar los árboles
parecen lágrimas.

En la falda del bosque,
un ciervo vigila
el sendero que se alarga,
mientras el sol bosteza
en los espejos del paisaje.

El mundo parece pintado
pero no es igual.

Pasa, de repente,
una sombra disparatada,
larga de lejanías,
en un abrigo de musgos
parchado de recuerdos.

Quizás seas tú,
que has vuelto
con los mirlos,
y en el último instante del olvido,
se haya precipitado tu regreso.
Y si no,
es solo el viento piadoso,
que pasa en sigilo,
y susurra tu nombre en silencio.

# MEMORIA

No se pueden engrillar,
en esas grutas profundas del alma,
los desaciertos
y fracasos del amor.

Tantas veces los sueños,
solo llegan a ser
palabras convulsas
musitadas en la oscuridad.

Y limitamos los deseos,
para intentar olvidar
el sabor de esos besos
que desaparecieron
antes de madurar.

Llegan las excusas,
y el tiempo de las dudas.

Aparecen los espejismos
que se adivinan
y la memoria
no puede resistirse
a la danza de los recuerdos.

Todos los días,
van pasando regresos
por los rincones de los ojos.

# MIRANDO EL MAR
# DESDE ARRIBA

Se cumplió el destino que siempre soñó: dormirse para siempre en los brazos del mar. Callaron, entonces, los peces, al aletear de sus alas, que el mismo mar lleva ahora en su vientre.

Ahora puede volar de verdad, lejos o más cerca, donde ella quiera. Aferrada a las manos molineras del viento, mira el mar vivo desde lo alto.

Siempre está allí. Por si alguien la ve, o la quieren saludar. Algunas veces, es una luz en la oscuridad, que nunca se apaga. Otras, una gaviota más, de aquellas que pueden viajar por todas las islas y océanos de la tierra.

Desde una nube, se asoma a despedir los barcos que salen a navegar, sin dejar de mirar por las ventanas de todos los corazones que amó. Cuando el viento la llama, puede soplar atajos y espantar los sueños tristes, si la vida es un desacierto.

Baja, de repente, con brisas tibias en las manos, esas que tocan ligero la cara o el pelo. Y hasta canta despacio, como secretos que acumulan el aire, y flotan. Va dejando una caricia aquí, un beso allá, narrándole al mar su ensortijado corazón.

! Qué lindo viaje, mamá…!

# MIS HIJOS

Llegaron a crecer en mi vida cuando los vientos mordían el dolor de la distancia, y el exilio era sinónimo de sobrevivir. Algunos, volaron de un océano a otro, buscándome, guardando en sus bolsillos todo el horizonte azul.

Los otros, también llegaron con un barco velero en el corazón, sin haber conocido el mar del sur. Y los espejos de la infancia se fueron rompiendo en las distintas preguntas del destino porque no fuimos capaces de rehacer el rompecabezas del ayer.

Crecieron de repente y volaron como los pájaros. No pudimos seguir escribiendo historias, juntos, en las hojas del destino que nos faltan y se extraviaron por esas mismas calles de la niñez tendidas al sol.

Pero alcanzamos a colorear los recuerdos, y bajo el sonido de la danza afable del amor, fuimos trenzando los días habituales. Ahora, sentado a la orilla de los recuerdos, me dan ganas de seguir pasando por la vida en cámara lenta, a ver si los encuentro.

Por esos caminos de mis hijos siempre irá mi corazón a pie.

# MONITA

Despierta la primavera y sus sonetos de sol meten bullicio en la calle. Se asustan los pájaros, cuando entra a mi casa un remolino de recuerdos tuyos y yo admito tus sombras soleadas.

Y mi alma, alargada por el uso, estirada y ensanchada por viajes y ausencias tristes, acumula el aire y flota.

Y el corazón, preguntándose de cómo es eso de que ahora te miren todas las ciudades y que te acojan todos los paisajes.

Algún día nos volveremos a ver, y tú y yo seremos el mar. Volveremos a caminar sin cansancio, sin edad ni dolor. Seremos aire, seremos luz, árboles, sueños, sombras, espejos, vigías eternos, lo que tú quieras hermana mía, un día un pájaro, otro día olas, o simplemente un estero.

# NADIE VINO

La soledad irrumpe de noche,
siempre de noche
y en puntillas,
arrastrando su falda larga
manchada de silencios.

Siempre llega
con una tristeza simple
cuando el olor a huerto
de otros ojos nos persigue
y promete llegar.

Descorro el paisaje
para volver a inventarte
y los recuerdos se precipitan,
son sombras boca arriba,
en el toque de queda de nuestra casa.

El corazón nos hace muecas
y sus intrigas
pesan más que una maleta.
Nadie vino,
solo el silencio, después.

# NIEVA

Como espejos rotos
que caen del infinito,
vino a sentarse la nieve,
en un paisaje de vidrio.

Abrazó los vientos
para empollar
sus secretos
y enjoyó de perlas
su vestido de novia
salpicado de burbujas.

Bailó,
en galanteo nupcial,
desnudando sus brazos
y manos de cal
para colgarse
cristales de sal
y copos de algodón,
en sus trenzas de mármol.

Cuando los árboles
se arropan
presagiando una tormenta,
bajan sombras
desde sus ramas
y una mujer vestida de negro,
con velo negro,
mira correr la nieve blanca
en la calle blanca
y llora.

# NO TE CREO

Dices haber encontrado el amor
y hablas de las horas
de las transformaciones,
de preguntarle a la vida
que más quiere de ti,
cómo mover tus pasos
y tu mente,
para decir lo que no sabes.

Te quieres dormir
a la orilla de la playa,
para que las olas arrastren
mar adentro,
los retratos y besos
que todavía duelen.

Dices haber encontrado el amor
Y no te creo.
¿Acaso no es tinta negra
la que resbala de tus ojos?

# NUBES CON ALAS

Los versos son palabras suaves,
que nos toman de repente de la mano
y nos dicen no sé qué,
de un largo viaje por diferentes paisajes
asombrados de vivir.

Son nubes con alas que se duermen en los ojos
de quienes aman las palabras.
Son pronombres entre líneas,
queriendo trazar los límites precisos.

Verbos que resbalan de una boca ausente,
sombras del corazón como nudos,
huellas y pasos
que se abrazaron para olvidarse.

Son historias tuyas y mías,
que nos relata el silencio
con los labios cerrados.

Días de sol y otros de mucha lluvia,
cartas celosamente guardadas,
resentimientos del alma,
gritos de soledad y ausencia,
gotas de rocío que se cuelgan
de los amores nuevos.

Los versos son susurros
que enmudecen al tocarse,
besos que acumulan aire
y flotan
cuando la noche es siempre un farol
y la luna, coqueta,
se suelta sus largas trenzas de plata.

# ORACIÓN

¡Dios mío! ¡Qué la vida no vuelva a despertarnos con tristezas que dejan sal en los ojos!

¡Qué los corazones heridos pierdan el miedo y se echen a volar, por la corriente del río hacia el mar!

¡Dios mío! ¡Qué seamos capaces de entender las ausencias de la muerte, las lluvias de la memoria, los retratos guardados, los amores que todavía duelen; qué no sigamos siendo hijos del odio, esclavos de los relojes y la prisa!

¡Dios mío! ¡Qué vengan días de gaviotas blancas y olas de cristales que bailan!

# ORÁCULO

Mi niña sueña despierta,
embriagada de luces
a la orilla de la playa,
creyendo que las olas
son espejos que flotan
y bajan de las nubes
por una escalera azul.

Ella escucha la voz del mar
que trota desde el horizonte
y el graznado de las gaviotas
haciendo ruidos con sus alas.

Se encienden estrellas marinas
en la arena rubia
y los vientos impacientes
saltan hacia la luz
donde se recoge el silencio
para besarle los ojos,
con caricias de sal.

Y mi niña se pregunta
si el mismo viento
existirá mañana,
cuando ella
aprenda a volar,
o se quebrarán las olas,
que son espejos del mar.

# PRIMER AMOR

Nadie volverá a vernos por arriba del malecón, donde nos sentábamos a acariciar la boca del crepúsculo, a destiempo y escondidos. Al mirar el mar, la línea del horizonte solamente eran tus ojos.

Y el corazón, que saltaba de ola en ola, aprendió allí a soñar, con los primeros besos. En la alfombra tibia de la arena charlaban las gaviotas cuando llegaba la luna y sobre las olas, arriba de las rocas, inventaban una danza solamente para nosotros.

Ahora los recuerdos tienen compases largos. Llueve sal en los ojos, y los vientos implacables han borrado las huellas y los delirios. Solo quedaron de ese primer amor, promesas y muchas palabras, esas que resbalan hacia adentro de la boca y no vuelven a salir.

# SECRETOS

Siempre hay secretos
ocultos y enjaulados,
en ese anillo oscuro
y lleno de silencios
que es el pozo del alma.

Allí, hay rostros flotando,
sombras que arañan,
resentimientos de días amargos
y muchas cartas cerradas.

Algunas,
llenas de confesiones,
otras,
de pocas palabras.

Son vientos viejos
arropados de niebla,
huellas de trenes abandonados,
fotos en blanco y negro
que hablan,
sueños envenenados
por el beso fatal de una cobra.

# SEÑORA

Alguna vez, señora,
tuvo fogatas por las noches
y sintió caricias
al despertar el alba,
labios que la besaron
con sensual delirio,
punzadas extrañas en el pecho.

Tantas veces, señora,
perdió la cordura,
cuando el deseo,
como avezado pianista,
hizo bailar los dedos
por los acordes de su piel.

Conoció el amor
el más limpio,
ese que brota de una vertiente,
el que tiene zapatos
de lumbre,
y dibuja otra vida
en el vientre.

Alguna vez, señora,
hubo rosas rojas
sobre su almohada,
y el tacto de otras manos,
saturaron su cuerpo
de tatuajes.
¿Se acuerda?

# SEPTIEMBRE

El rostro curtido del viento sur,
pintarrajeado de banderas,
viene riéndose
por la calle larga de la memoria,
en estos días de septiembre.

Hay un cortejo de voces alegres
que cantan
y ganas de baile
en las pupilas de la vida,
por todas partes.

Vuelven días antiguos
racimos de sueños verdes,
nombres y voces
que callaron para siempre.

Y entendemos
que la patria es horizonte,
porque fuimos elegidos
a ser errantes
y a despertar todos los días,
interrogando la distancia.

# SOMBRA DEL ABEDUL

Alguien viene a sentarse,
en el silencio del camino,
cuando la tarde se despide.

Siempre está allí,
como un testigo de todos los hallazgos,
esperando que bajen estrellas,
a bautizar las calles
y los árboles que nacen.

Al asilo de su propia sombra,
tras un abedul,
una madeja de luciérnagas,
la saludan cuando nadie la ve,
para alumbrarle la cara.

¿Quién será?,
Mi madre o mi hermana,
o solamente un delirio extraviado,
que medita,
observando los ruidos de la vida,
que van llamando y llorando.

Cuando paso yo,
cuelga dos luces,
como ojos en la noche,
y me mira.

# TE HE BUSCADO

Te he buscado
por calles anónimas
y suburbios de palabras,
sabiendo que no estabas
en una cita de amor
a la que siempre llego
solamente yo.

Ondulan los recuerdos
en los labios de la tarde
y solo viene el viento,
para abrazar mi sombra.

Tus ojos siguen enredados
en los árboles del parque
y bajan caricias por sus ramas,
como chorros de miel
en una boca que arde.

No pudimos atar los besos para amarnos,
ni escribir tu nombre y el mío,
como manojos de agua
dentro de nosotros.

Ya no hay nada que nos palpe el amor,
pero te sigo buscando.
¿Qué razón existe, entonces,
en el irrazonable corazón?

# TE MINTIERON

Ibas a bailar con los pies descalzos,
tumbada de perfil
sobre la colcha del mar,
pero te mintieron.

Te has quedado sola,
equivocada,
con el dolor del desengaño
en los ojos del alma.

¡Si al menos los recuerdos
se quedaran callados!

Pero tienes memoria y tatuajes,
esos que dejaron sus caricias
en todos los rincones de tu piel.

Las nubes pasan bailando
como gaviotas
al lado de tu sombra
y te tocan.

Huele a mar
y las olas, que son espejos,
arrastran pedazos rotos
de tu corazón
hasta la línea infinita
del horizonte gris.

Por la orilla de la playa,
el viento piadoso
te arroja un puñado de arena
que parece caricia.

# TECLAS ROTAS

Venía de secuestrar el alma de todas las palabras y parecía tener, por las tardes, un olor a copihues y sur que desprendía de sus teclas negras, cuando le acariciaban las manos.

Tenía el oído atento a todas las señales de la vida y el corazón ansioso de miradas ardorosas, de verbos musitados muy despacio. Sonaba como un rumor de pasos, esos que se duermen cansados en la tibieza del aire, cuando se pausan los pensamientos.

Le gustaba viajar y amaba el polvo de los caminos desaparecidos, que es como amar la muerte, sabiendo que el silencio iba a ser su última morada.

Todavía, en el trote nocturno de las horas más frías, anunciando lluvia, grita un tic-tac apagado, para que vuelvan a tocarla. Vieja máquina de escribir, fiel amante de mi padre, verte callada y agonizando, me duele.

# TIERRA MÍA

De vez en cuando reinciden los mismos sueños, como paralelas fijas en los espacios de una misma hoja. Es otra vida que va pasando entre líneas, con ruido de aviones, como desorden nocturno en una noche de viento.

Son voces misteriosas en otros idiomas, pájaros sin alas que pintan mares y luces en los abismos del aire. Olor a petróleo, pistas de cemento siempre iluminadas y el sol, un punto de fuego en los peldaños del paisaje.

Sueños repetidos de volar, un viaje largo por los caminos imprevistos de la memoria. Sueños de volver a verte, tierra mía, desde arriba, por la huella del silencio, en los brazos de una nube.

# UTOPÍAS PARA CUALQUIER NAVIDAD

Qué se prenda la vida
como un milagro,
qué lluevan sueños limpios
como el agua
y podamos aplacar,
la sequía de amor que nos rodea.

Qué un bálsamo sereno
bese la cara del paisaje
y que los ojos de los hombres
miren las luces del infinito
para aliviar la agonía de la tierra.

Qué el pasado, lleno de ojos,
no sean apuestas con la muerte
y qué las olas se lleven mar adentro
el dolor de las ausencias.

Qué los hijos sigan cantando
para salvarnos la prisa
y nos perdonen
los miedos de vivir.

Qué los vientos rudos
del invierno blanco,
arrastren al infinito
todas las quejas del alma,
y qué el perdón vuelva a ser
una forma de empezar.

# VIOLIN DESAFINADO

No quisiera ser ausente,
cuando los recuerdos
te asalten o te arañen los fracasos.

Me gustaría estar allí,
cuando la soledad,
sagaz e impertinente elija torturarte
y la lluvia de tu corazón
parezca diluvio y no amaine.

Es que no se pueden
ocultar eternamente,
los equívocos del amor,
como si fueran cartas
celosamente guardadas
de un amante secreto.

Muchacha de los ojos tristes,
violín desafinado,
abre los postigos del alma,
vuelve a encender la noche,
busca otra historia propia,
y vuelve a vivir.

# VISIONES DE ABRIGOS LARGOS

El viento tibio de la tarde mezcla una paleta de colores para pintar el rostro del lago, y besar los árboles de la orilla que van encuadrando el paisaje. Una claridad azul se asoma, fugaz y radiante por una ventana del cielo y arrastra un rincón de sol.

Despiertan designios, imperfecciones y olvidos, sueños limpios como el agua y otros, turbios como el barro. Llueve en el corazón un bálsamo sereno y hay voces y sombras por todas partes.

Parecen ser recuerdos de abrigos largos, espejos rotos, viejos muebles cubiertos por sábanas, palabras saltadas, o simplemente pájaros que se entretienen mirándonos, sentados en ninguna parte.

# ¿Y DE QUE NOS SIRVE?

Hasta los canarios
que viven enjaulados
aprenden a hacer sus nidos
para amarse.

Y nosotros,
que no sabemos ser pájaros,
limitamos los deseos y la vida,
planificándolo todo,
hasta el amor.

No queremos oír
la voz del bosque,
ni el canto mágico
de los vientos que pasan.

Y las almas encallan,
enmudecen y mueren
por la orilla del mar,
sin ser en nada,
sin poder amar,
sin aprender a perdonar,
sin pensarse,
olvidadas.

No estamos dentro de una jaula
como los canarios,
pero ¿de qué nos sirve?

# YO SOY

Yo soy
el que despierta nombrándote
con caricias calladas
en el murmullo del alba.

Soy la piel
que espera tu cobijo,
cuando las caricias
se hartan de besarse
y bailan apretadas.

Soy trapecista
en la cuerda de tus sueños,
pacto de tus silencios,
embrujado
y prisionero en la trampa
de tus ojos húmedos.

Yo soy
el que te coge de la mano,
cuando te inquietan
los recuerdos,
la ira del viento,
las ganas de volver
y los miedos de morir.

Yo soy
el que quiere seguir viviendo
bajo tu frente,
sobre tu boca,
entre tus ojos,
enredado en tu pelo,
aferrado a tus huesos,
hasta el final del viaje.